CORINNA SCHOBER

HERZHAFT VEGAN

...macht satt und glücklich

FOTOGRAFIE: COCO LANG

INHALT

Öffnen Sie die Klappen dieses Buches.
Dort finden Sie die wichtigsten Infos zum Thema auf einen Blick!

DAS PRINZIP:
HERZHAFT VEGAN

DIE PERFEKTE
KOMBI

Immer griffbereit:

HERZHAFT VEGAN IN
JEDER JAHRESZEIT

Immer griffbereit:

UMAMI AUF
DEINEM TELLER

GU CLOU

Wussten Sie schon, dass ...?
Entdecken Sie bei einigen ausgewähl-
ten Rezepten ganz besondere Tipps
mit verblüffendem Insiderwissen.
Aha-Momente garantiert!

Die Backzeiten können je nach Herd variie-
ren. Unsere Temperaturangaben beziehen
sich auf das Backen im Elektroherd mit
Ober- und Unterhitze.

Sammeln Ihrer Lieblingsrezepte
mit der »GU Kochen Plus«-App
(siehe S. 64)

REZEPTKAPITEL

06 SCHNELL UND EINFACH

18 AUS DER PFANNE

34 AUS DEM TOPF

46 AUS DEM OFEN

CORINNA SCHOBER

Veganes Essen macht nicht satt? Foodbloggerin und Buchautorin Corinna Schober beweist mit diesem Küchenratgeber das Gegenteil. Deftig-feurige Gerichte, die sowohl den Bauch als auch die Seele nähren und zudem noch glücklich machen, warten nur darauf, erprobt zu werden.

Gibt es deiner Meinung nach Einschränkungen beim veganen Kochen?

Nein, die gibt es schon lange nicht mehr. Mittlerweile gibt es eine große Auswahl an rein pflanzlichen Alternativen – seien es Pflanzendrinks, Margarine, Sahne-, Fleisch- oder Käseersatzprodukte –, mit denen man problemlos die herkömmlichen Produkte ersetzen kann. Dadurch ist es möglich, fast jedes Gericht zu »veganisieren«. Diverse vegane Alternativen, wie z. B. Cashew-Parmesan oder Pflanzendrinks, können auch ohne großen Aufwand selbst hergestellt werden.

Was darf auf einem deftigen veganen Teller nicht fehlen?

Die Hälfte des Tellers sollte immer aus Obst und Gemüse bestehen. Obst und Gemüse sind wichtige Quellen für Vitamine, Mineralstoffe und Ballaststoffe. Daneben ist es wichtig, immer »Sattmacher« auf dem Teller zu haben. Dazu zählen

Quinoa, Amarant, Buchweizen und Vollkorngetreide. Was auch auf keinen Fall fehlen darf, sind Proteine. Diese finden sich vor allem in Hülsenfrüchten (Linsen, Bohnen, Erbsen …) oder auch in Sojaprodukten wie z. B. Tofu. Dadurch wird der Körper mit den essenziellen Aminosäuren versorgt. Als Toppings für einen veganen Teller verwende ich am liebsten verschiedene Nüsse, Hanfsamen, Chia-Samen und Hefeflocken.

Es gibt das Vorurteil, dass veganes Essen nicht satt macht. Stimmt das so?

Definitiv nicht. Wie bei jeder Ernährungsform kommt es darauf an, was sich auf dem Teller befindet. Ich bin der Meinung, dass veganes Essen sogar sehr sättigend ist, vorausgesetzt auf dem Teller sind ausreichend Proteine und »Sattmacher« vorhanden. Dadurch bekommt der Körper alle wichtigen Nährstoffe. Man fühlt sich satt und voller Energie.

SELBST GEMACHTER CASHEW-PARMESAN

200 g Cashewkerne

1 TL Salz

1 TL Knoblauchgranulat

5 EL Hefeflocken

Alles im Hochleistungsmixer pürieren, bis die Masse die Konsistenz von geriebenem Parmesan annimmt. Verschlossen im Kühlschrank aufbewahren.

SCHNELL UND EINFACH

PUMPKIN MAC AND CHEESE

HERBSTLICHES SOULFOOD

300 g Hokkaido-Kürbis
100 g Cashewkerne
2 EL Hefeflocken
1 TL gemahlene Kurkuma
1 ½ TL Paprikapulver
½ TL Zimtpulver
50 g Pflanzencreme
100 ml Gemüsebrühe
300 g Hörnchennudeln
Salz, Pfeffer

AUSSERDEM
1 Handvoll Basilikum
2 EL geriebene vegane Parmesan-
   Alternative

1 Den Kürbis waschen, von Fasern und Kernen befreien und in kleine Stücke schneiden. Gemeinsam mit den Cashewkernen in einem Topf mit Wasser bedecken und zum Kochen bringen. Bei kleiner Hitze 15–20 Min. köcheln lassen, bis der Kürbis weich ist. Gemüse und Cashewkerne in ein Sieb abgießen.

2 Kürbisstücke, Cashewkerne, Hefeflocken, Kurkuma, Paprikapulver, Zimt, Pflanzencreme und Gemüsebrühe in einem Standmixer zu einer cremigen Sauce pürieren.

3 Die Nudeln nach Packungsanweisung in Salzwasser bissfest garen, in einem Sieb abtropfen lassen und zurück in den Topf schütten. Die Kürbissauce zu den Nudeln in den Topf geben, unterrühren und mit Salz und Pfeffer würzen. Basilikum waschen, trocken schütteln und klein schneiden. Mac and Cheese mit veganem Parmesan und Basilikum servieren.

Für 2 Personen • 30 Min. Zubereitung • Pro Portion ca. 730 kcal, 11 g E, 51 g F, 56 g KH

GEMÜSESTICKS MIT AVOCADO-AIOLI

VOLLER UMAMI

2 Zucchini
1 Aubergine
3 Möhren
1 Süßkartoffel
4 EL Olivenöl
¾ TL Harissa (scharfe Würz-
paste)
¾ TL Chilipulver
1 ½ TL Knoblauchgranulat
Salz, Pfeffer
1 Avocado
60 g vegane Crème-fraîche-
Alternative

1 Backofen auf 200° vorheizen, ein Backblech mit Backpapier belegen. Zucchini und Aubergine waschen und in Streifen schneiden. Möhren und Süßkartoffel schälen und in Streifen schneiden. Das Gemüse in eine Schüssel geben und mit Öl, ½ TL Harissa, ½ TL Chilipulver, 1 TL Knoblauchgranulat, Salz und Pfeffer mischen. Gemüse auf dem Backblech verteilen und im Ofen (Mitte) 30 Min. backen.

2 Für die Aioli die Avocado halbieren, das Fruchtfleisch herausheben und zerdrücken. Mit Crème-fraîche-Alternative, übrigen Gewürzen, Salz und Pfeffer verrühren. Ofengemüse mit Dip servieren.

Für 2 Personen • 15 Min. Zubereitung • Pro Portion ca. 445 kcal, 22 g E, 25 g F, 32 g KH

SCRAMBLED TOFU

FÜRS FRÜHSTÜCK

1 Zwiebel
1 rote Paprika
¼ Stange Lauch
250 g Tofu
3 EL Olivenöl
½ TL gemahlene Kurkuma
½ TL Paprikapulver
1 EL Hefeflocken
Salz, Pfeffer
50 g vegane Joghurt-Alter-
    native (z. B. aus Soja)
2 Scheiben Brot

1 Die Zwiebel schälen und in feine Ringe schneiden. Paprika waschen, halbieren, weiße Trennwände und Kerne entfernen und in kleine Würfel schneiden. Lauch putzen, gründlich waschen und in feine Ringe schneiden. Tofu grob zerbröseln.

2 Das Öl in einer Pfanne erhitzen. Zwiebel und Lauch darin glasig dünsten. Paprika und Tofu hinzufügen und kurz anbraten. Kurkuma, Paprikapulver, Hefeflocken sowie Salz und Pfeffer hinzufügen und weitere 5 Min. braten. Joghurt-Alternative unterrühren, kurz mitbraten. Brot toasten. Veganes Rührei aus der Pfanne nehmen und auf dem getoasteten Brot verteilen.

Für 1 Kastenform (10 × 27 cm; 15 Scheiben) • 20 Min. Zubereitung • 4 Std. Ruhen • 45 Min. Backen •
Pro Scheibe ca. 200 kcal, 6 g E, 8 g F, 26 g KH

SESAM-WALNUSS-BROT

GUT VORZUBEREITEN

350 g Roggenmehl
200 Vollkorn-Dinkelmehl
30 g gemahlene Walnusskerne
7 g Trockenhefe
1 TL Agavensirup
Salz
3 EL Sesam
1 EL Brotgewürz
60 ml Rapsöl
1 EL Leinsamen

AUSSERDEM
Mehl zum Arbeiten

1 Beide Mehlsorten, geriebene Nüsse, Trockenhefe, Agaven-sirup, 2 TL Salz, 1 EL Sesam und Brotgewürz in einer großen Schüssel vermengen. Öl und ca. 320 ml lauwarmes Wasser hinzufügen und mit dem Knethaken des Handrührgerätes zuerst 5 Min. auf niedriger Stufe, danach 10 Min. auf höchster Stufe zu einem glatten Teig verarbeiten.

2 Den Teig mit Mehl bestäuben, mit einem Küchentuch abde-cken und 1–2 Stunden an einem warmen Ort gehen lassen.

3 Eine Kastenform mit Backpapier auslegen. Den Teig mit den Händen abermals gut durchkneten und zu einer Rolle (ca. 10 × 25 cm) formen. Den Teig in die Kastenform legen, mit einem Küchentuch abdecken und für weitere 1–2 Std. an einem warmen Ort gehen lassen.

4 Brotteig nach der Gehzeit mit einem Messer über Kreuz ca. 5 mm tief einschneiden. Mit Wasser bepinseln und mit Leinsamen und übrigem Sesam (2 EL) bestreuen.

5 Backofen auf 185° Heißluft vorheizen. Das Brot im Ofen (Mitte) ca. 45 Min. backen. 15 Min. vor Ende der Backzeit das Brot aus der Form lösen und auf dem Ofenrost fertig backen, sodass es von allen Seiten knusprig durchgebacken wird.

Für ca. 300 g (6 Portionen) • 5 Min. Zubereitung •
Pro Portion ca. 175 kcal, 4 g E, 12 g F, 11 g KH

Für ca. 400 g (8 Portionen) • 5 Min. Zubereitung •
Pro Portion ca. 90 kcal, 3 g E, 7 g F, 4 g KH

CREMIGER HUMMUS

ORIENTALISCHER KLASSIKER

1 Zitrone • 2 Knoblauchzehen • 250 g gekochte Kichererbsen (Glas) • 4 EL Tahin (Sesampaste) • 4 EL Olivenöl • ½ TL Zwiebelgranulat • 1 TL Agavensirup • Salz, Pfeffer

1 Die Zitrone halbieren und auspressen. Knoblauch schälen und durchpressen.

2 Zitronensaft und Knoblauch mit den übrigen Zutaten in einen hohen Rührbecher geben und mit dem Pürierstab zu einer cremigen Masse pürieren. Mit Salz und Pfeffer abschmecken.

TIPP
Hummus schmeckt besonders lecker zu frischem Naanbrot oder zu unserem selbst gebackenen Brot.

WÜRZIGER LIPTAUER

EINFACH

60 g Essiggurken • 2 Knoblauchzehen • 250 g vegane Topfen-Alternative • 50 g weiche vegane Margarine • 3 EL edelsüßes Paprikapulver • 1 TL Agavensirup • 1 TL Senf • 1 TL Zwiebelgranulat • ½ TL Kümmel • ½ TL Chilipulver • Salz, Pfeffer

1 Die Essiggurken in sehr kleine Stücke schneiden. Den Knoblauch schälen und durchpressen.

2 Gurkenwürfel und Knoblauch mit den übrigen Zutaten in einer Schüssel zu einer cremigen Masse verrühren.

Für ca. 400 g (8 Portionen) • 30 Min. Zubereitung • Pro Portion ca. 245 kcal, 9 g E, 17 g F, 13 g KH

Für ca. 300 g (6 Portionen) • Zubereitungszeit 5 Minuten • Pro Portion ca. 65 kcal, 2 g E, 4 g F, 5 g KH

KRÄUTER-FRISCHKÄSE

SOMMER-REZEPT

KÜRBISKERN-AUFSTRICH

FÜR DIE BROTZEIT

300 g Cashewkerne • ½ Bio-Zitrone • ½ Bund Schnittlauch • ½ Bund Basilikum • 3 EL Hefeflocken • 3 EL Apfelessig • 1 EL Mandelmus • Salz, Pfeffer

½ Bio-Zitrone • 140 g gekochte Kichererbsen (Glas) • ½ Bund Schnittlauch • 2 EL vegane Frischkäse-Alternative • 4 EL vegane Pflanzencreme • 1 EL Kürbiskernöl • Salz, Pfeffer

1 Cashewkerne in einer Schüssel mit 500 ml kochendem Wasser übergießen und ca. 20 Min. einweichen. Danach abgießen.

2 Zitrone heiß abwaschen und abtrocknen. Die Schale abreiben und den Saft auspressen. Schnittlauch und Basilikum waschen, trocken schütteln und fein hacken.

3 Cashewkerne mit Hefeflocken, Apfelessig, Zitronensaft und Mandelmus zu einer cremigen Masse pürieren. Abgeriebene Zitronenschale und gehackte Kräuter unterrühren. Mit Salz und Pfeffer abschmecken.

1 Die Zitrone heiß abwaschen, abtrocknen und die Schale abreiben. Die Kichererbsen in ein Sieb abgießen und waschen. Schnittlauch waschen, trocken schütteln und in Röllchen schneiden.

2 Alle Zutaten (bis auf den Schnittlauch) in einen hohen Rührbecher geben und mit dem Pürierstab zu einer cremigen Masse verarbeiten. Mit Salz und Pfeffer abschmecken. Schnittlauch einrühren.

GU
CLOU

Das ist ein Grundrezept für eine Buddha Bowl. Als Toppings eignen sich Falafel-Bällchen, Avocado-spalten, Nüsse oder frische Kräuter.

BUDDHA BOWL MIT FRENCH DRESSING

SOMMER-REZEPT

FÜR DIE BOWL
1 Süßkartoffel (350 g)
1 EL Rapsöl
Salz, Pfeffer
1 Brokkoli
100 g Baby-Blattspinat
200 g Kichererbsen (Glas)

FÜR DAS FRENCH DRESSING
1 kleine Zwiebel
1 Knoblauchzehe
½ Zitrone
5 EL Rapsöl
4 EL Pflanzendrink
2 EL Mandelmus
Salz, Pfeffer

BOWL: Backofen auf 200° vorheizen. Die Süßkartoffel schälen, in Würfel schneiden und mit Öl, Salz und Pfeffer mischen. Ein Backblech mit Backpapier auslegen. Süßkartoffelwürfel darauf verteilen und im Ofen (oben) 25–30 Min. backen.

Brokkoli waschen und in Röschen teilen. Salzwasser in einem weiten Topf zum Kochen bringen und die Brokkoliröschen darin ca. 3 Min. blanchieren. Baby-Spinat und Kichererbsen waschen und abtropfen lassen.

Baby-Spinat, Kichererbsen, geröstete Süßkartoffeln und blanchierte Brokkoliröschen auf zwei Schüsseln verteilen.

DRESSING: Die Zwiebel und den Knoblauch schälen und in sehr kleine Stücke hacken. Die Zitrone auspressen. Rapsöl mit Pflanzendrink, Mandelmus, Zitronensaft, Zwiebel, Knoblauch, Salz und Pfeffer zu einem cremigen Dressing verrühren und über die vorbereiteten Bowls gießen.

AUS DER PFANNE

1

2

3

PIKANTES OMELETTE

MACHT SATT UND ZUFRIEDEN

4

5

6

200 g Champignons
200 g Baby-Blattspinat
2 EL Öl
Salz, Pfeffer
100 g vegane Topfen-Alternative
180 g Kichererbsenmehl
360 ml Pflanzendrink
2 EL Hefeflocken
1 TL Kala Namak
1 TL Paprikapulver
½ TL Currypulver
1 TL Backpulver

1 Champignons putzen und in feine Scheiben schneiden. Spinat waschen und verlesen (Bild 1). 1 EL Öl in einer Pfanne erhitzen und die Champignons darin anbraten. Den Spinat hinzufügen und zusammenfallen lassen. Mit Salz und Pfeffer würzen. Die Topfen-Alternative hinzufügen und unterrühren (Bild 2). Die Pfanne vom Herd nehmen und beiseitestellen.

2 Das Kichererbsenmehl mit Pflanzendrink, Hefeflocken, Kala Namak, Paprikapulver, Currypulver und Backpulver in einer Schüssel mischen und mit einem Schneebesen klümpchenfrei verquirlen (Bild 3).

3 Übriges Öl (1 EL) nach und nach in einer Pfanne erhitzen. Pro Omelette 1 Schöpfkelle Teig durch Schwenken in der Pfanne verteilen (Bild 4), nach 3 Min. wenden und auf der zweiten Seite fertig braten.

4 Das Omelette mit Spinat-Pilz-Creme füllen (Bild 5) und nach Belieben zuklappen. Nacheinander weitere Omelettes braten, bis der Teig verbraucht ist. Heiß servieren (Bild 6).

Für 2 Personen • 25 Min. Zubereitung • Pro Portion ca. 745 kcal, 30 g E, 26 g F, 96 g KH

KASPRESSKNÖDEL MIT DIP

AUS ÖSTERREICH

FÜR DIE KNÖDEL

250 g Knödelbrot
200 ml Pflanzendrink
2 Möhren
2 Zwiebeln
1 EL Öl
1 Stängel Basilikum
2 EL Hefeflocken
70 g vegane Reibekäse-Alternative
Salz, Pfeffer

FÜR DEN DIP

½ Bio-Zitrone
150 g vegane Joghurt-Alternative
   (z. B. aus Soja)
1 EL Tahin (Sesampaste)
Salz, Pfeffer

AUSSERDEM

Öl zum Braten

KNÖDEL: Das Knödelbrot in eine Schüssel geben und mit Pflanzendrink übergießen. Zugedeckt ca. 15 Min. durchziehen lassen. Die Möhren waschen, schälen und raspeln. Die Zwiebeln schälen und in kleine Würfel schneiden. Das Öl in einer Pfanne erhitzen und die Zwiebeln darin glasig anbraten. Vom Herd nehmen und beiseitestellen.

Basilikum waschen, trocken schütteln und fein hacken. Raspelmöhren, gedünstete Zwiebelwürfel, Basilikum, Hefeflocken und Reibekäse-Alternative zu den Semmelwürfeln geben und gründlich untermischen. Mit Salz und Pfeffer würzen.

Öl in einer Pfanne erhitzen. Aus dem Teig gleichmäßige Taler formen und von beiden Seiten in ca. 5 Min. goldgelb backen.

DIP: Die Zitrone heiß abwaschen und abtrocknen. Die Schale abreiben und den Saft auspressen. Joghurt-Alternative mit Tahin, Zitronensaft, abgeriebener Zitronenschale sowie Salz und Pfeffer verrühren und zu den Kaspressknödeln servieren.

Für 4 Personen • 20 Min. Zubereitung • Pro Portion ca. 410 kcal, 15 g E, 9 g F, 62 g KH

HOMEMADE FALAFEL

ORIENTALISCH

2 Zwiebeln
2 Knoblauchzehen
1 Bund Petersilie
400 g gekochte Kichererbsen
 (Glas)
3 TL Currypulver
1 TL gemahlener Kreuz-
 kümmel
1 TL Chiliflocken
Salz, Pfeffer
2 EL Öl
200 g vegane Joghurt-
 Alternative
4 Salatblätter
4 Pitabrote

1 Zwiebeln und Knoblauch schälen und sehr fein hacken. Die Petersilie waschen, trocken schütteln und sehr fein hacken. Die Kichererbsen mit dem Pürierstab grob pürieren oder mit einem Kartoffelstampfer stückig zerdrücken.

2 Zwiebeln, Knoblauch, Petersilie, 2 TL Currypulver, Kreuzkümmel, ½ TL Chiliflocken, Salz und Pfeffer hinzufügen und verrühren. Das Öl in einer Pfanne erhitzen. Den Falafelteig mit den Händen zu kleinen Bällchen formen. Die Bällchen für ca. 5 Min. unter Wenden in der Pfanne anbraten.

3 Joghurt-Alternative mit übrigem Currypulver (1 TL), übrigen Chiliflocken (½ TL), Salz und Pfeffer abschmecken. Salatblätter waschen. Pitabrote kurz erwärmen. Mit jeweils einem Salatblatt, der Joghurtsauce und den Falafelbällchen füllen.

Für 2 Personen • 30 Min. Zubereitung • Pro Portion ca. 1035 kcal, 11 g E, 82 g F, 63 g KH

KARTOFFELPUFFER MIT KNOFI-MAYO

KLASSIKER

600 g Kartoffeln
2 Zwiebeln
1 EL Öl zum Braten
3 EL Mehl
frisch geriebene Muskatnuss
1 TL Currypulver
Salz, Pfeffer
75 ml Sojadrink
½ TL Senf
150 ml Rapsöl
1 Knoblauchzehen
½ EL Essig

1 Für die Kartoffelpuffer die Kartoffeln schälen und reiben. Ein Sieb mit einem Küchentuch auslegen. Die Kartoffelraspel hineingeben und so viel Flüssigkeit wie möglich ausdrücken. Die Zwiebeln schälen, in sehr kleine Würfel schneiden und in ½ EL Öl andünsten.

2 Zwiebeln, Mehl, 1 Prise Muskat und Currypulver zu den Kartoffeln geben. Mit Salz und Pfeffer würzen und mit den Händen gut verkneten. Übriges Öl (½ EL) in einer Pfanne erhitzen. Den Teig mit den Händen zu runden Laibchen formen und in der Pfanne von beiden Seiten goldgelb backen.

3 Für die Knoblauch-Mayonnaise Sojadrink mit Senf und etwas Salz in einen hohen Rührbecher füllen und zu einer homogenen Masse verrühren. Das Öl langsam hinzufügen und mit dem Stabmixer zu einer cremigen Masse aufschlagen. Knoblauch schälen, durchpressen und mit dem Essig zur Mayonnaise geben. Erneut mixen.

SELLERIESCHNITZEL AUF KARTOFFEL-MÖHREN-PÜREE

FÜR GÄSTE

FÜR DAS PÜREE

800 g Kartoffeln
6 Möhren
Salz, Pfeffer
100 g Pflanzencreme
frisch geriebene Muskatnuss

FÜR DIE SELLERIESCHNITZEL

1 Knollensellerie
50 g Mehl
70 ml Pflanzendrink
1 TL geräuchertes Paprikapulver
1 TL Knoblauchpulver
Salz, Pfeffer
50 g Semmelbrösel

AUSSERDEM

Öl zum Braten

KARTOFFEL-MÖHREN-PÜREE: Die Kartoffeln schälen und in kleine Stücke schneiden. Möhren schälen und in Stücke schneiden. Salzwasser zum Kochen bringen und die Kartoffeln und Möhren darin in ca. 15–20 Min. weich kochen, abgießen. Salz, Pfeffer, Pflanzencreme und 1 Prise Muskat hinzufügen und mit dem Kartoffelstampfer zu einem cremigen Püree verarbeiten. Bei Bedarf etwas Wasser hinzufügen.

SELLERIESCHNITZEL: Den Sellerie waschen, halbieren und in 1–1,5 cm dicke Scheiben schneiden. Mehl auf einen tiefen Teller verteilen. In einem zweiten Teller den Pflanzendrink mit Paprikapulver, Knoblauchpulver, Salz und Pfeffer verrühren. Die Semmelbrösel auf einen weiteren Teller geben. Die Selleriescheiben zuerst im Mehl, dann im Pflanzendrink-Mix und zuletzt in den Semmelbröseln wenden. Die Panade von allen Seiten gut andrücken.

Das Öl in einer Pfanne erhitzen. Die Selllerieschnitzel darin bei mittlerer Hitze von beiden Seiten in ca. 5–7 Min. goldgelb braten und mit Kartoffel-Möhren-Püree servieren.

Für 4 Personen • 50 Min. Zubereitung • Pro Portion ca. 405 kcal, 9 g E, 13 g F, 63 g KH

KNUSPRIGE REISBÄLLCHEN

ITALIENISCH

3 Möhren
2 große rote Paprika
½ Stange Lauch
100 g Sojacreme
1 TL Currypulver
1 TL Paprikapulver
1 EL italienische Kräuter
Salz, Pfeffer
200 g Risottoreis
3 EL Kokosöl
80 g Semmelbrösel

1 Die Möhren waschen und schälen. Paprika waschen, halbieren, weiße Trennwände und Kerne entfernen. Lauch putzen und gründlich waschen. Gemüse in sehr kleine Würfel schneiden. 500 ml Wasser und Sojacreme in einem Topf zum Kochen bringen. Currypulver, Paprikapulver, Kräuter, Salz und Pfeffer einrühren. Risottoreis hinzufügen. Und ständigem Rühren 20–30 Min. köcheln lassen, bis eine cremige Reismasse entsteht. Abkühlen lassen.

2 1 EL Kokosöl in einer Pfanne erhitzen. Das Gemüse im Kokosöl anbraten. Den Reis mit dem gebratenen Gemüse in einer Schüssel miteinander vermischen und mit den Händen verkneten. Aus der Reismasse 15–20 Bällchen formen und in den Semmelbröseln wälzen. Übriges Kokosöl (2 EL) in einer Pfanne erhitzen und die Bällchen darin knusprig braten. Dazu schmeckt eine Tomatensauce oder ein frischer Dip.

Für 4 Personen • 25 Min. Zubereitung • Pro Portion ca. 720 kcal, 19 g E, 27 g F, 102 g KH

KÄSESPÄTZLE MIT RÖSTZWIEBELN

KINDERLIEBLING

400 g Mehl
100 g Hartweizengrieß
500 ml Pflanzendrink
Salz
2 EL Öl
4 Zwiebeln
3 EL vegane Margarine
1 TL Agavensirup
150 g vegane Reibekäse-
  Alternative
Pfeffer
½ Bund Schnittlauch

AUSSERDEM
Spätzlepresse

1 Für die Käsespätzle Mehl, Grieß, Pflanzendrink, 1 TL Salz und Öl in einer Schüssel verrühren, bis eine zähflüssige Masse entsteht. Salzwasser in einem Topf zum Kochen bringen. Eine Spätzlepresse vorbereiten. Den Teig nach und nach durch die Presse drücken. Immer wieder umrühren, damit die Spätzle nicht aneinander kleben bleiben. Sobald die Spätzle an die Oberfläche steigen, mit einer Schaumkelle herausholen und in einem Sieb abtropfen lassen.

2 Für die Röstzwiebeln die Zwiebeln schälen und in feine Streifen schneiden. Margarine in einer Pfanne erhitzen. Zwiebeln mit 1 TL Agavensirup darin anbraten. Die Spätzle hinzufügen und kurz mitbraten, bis die Spätzle leicht goldbraun sind. Käse-Alternative darüberstreuen. Mit Salz und Pfeffer abschmecken. Schnittlauch waschen und in Röllchen schneiden. Die Käsespätzle damit bestreuen.

GNOCCHI MIT SALBEI-WALNUSS-SAUCE

FÜR GENIESSER

FÜR DIE GNOCCHI

500 g Kartoffeln
Salz, Pfeffer
frisch geriebene Muskatnuss
250 g Mehl

FÜR DIE SAUCE

1 Zwiebel
1 Knoblauchzehe
50 g Walnusskerne
12 Salbeiblätter
150 g Baby-Blattspinat
4 EL vegane Margarine
100 g Pflanzencreme
Salz, Pfeffer

GNOCCHI: Kartoffeln schälen und in Stücke schneiden. Wasser in einem Topf zum Kochen bringen und die Kartoffelstücke darin in 15–20 Min. weich kochen. Abgießen und zu Püree stampfen. Mit Salz, Pfeffer und 1 Prise Muskat würzen. Das Mehl hinzufügen und alles zu einem geschmeidigen Teig verarbeiten, der nicht mehr an den Händen klebt.

Aus dem Teig dünne Rollen formen. Ca. 2 cm dicke Scheiben abschneiden, jede Scheibe mit einer Gabel etwas eindrücken. Salzwasser in einem Topf zum Kochen bringen. Die Gnocchi portionsweise darin garen. Sobald die Gnocchi an die Oberfläche schwimmen, mit einem Schaumlöffel herausheben und in einem Sieb abtropfen lassen.

SAUCE: Zwiebel und Knoblauch schälen und fein hacken. Die Walnüsse grob hacken und in einer Pfanne anrösten, bis sie duften, beiseitestellen. Salbeiblätter und Spinat waschen. Die Margarine in einer Pfanne erhitzen und die Zwiebel darin glasig dünsten. Knoblauch und Gnocchi hinzufügen und mitbraten. Spinat und Salbei hinzufügen und in ca. 5 Min. zusammenfallen lassen. Mit Pflanzencreme ablöschen, mit Salz und Pfeffer abschmecken. Walnusskerne darüberstreuen.

Für 4 Personen • 20 Min. Zubereitung • Pro Portion ca. 545 kcal, 14 g E, 30 g F, 52 g KH

BOHNEN-PILZ-BURGER

FÜR DIE GRILLPARTY

1 rote Zwiebel
100 g Champignons
3 EL Öl
Salz, Pfeffer
250 g schwarze Bohnen (Dose)
60 g feine Haferflocken
1 EL italienische Kräutermischung
40 g Walnusskerne
1 Tomate
4 Salatblätter
4 vegane Burgerbrötchen
6 EL vegane Mayonnaise oder
  Burgersauce

TIPP
Als Burgersauce eignet sich auch die selbst gemachte Mayonnaise von Seite 25.

1 Die Zwiebel schälen und fein hacken. Champignons putzen und klein würfeln. 1 EL Öl in einer Pfanne erhitzen und die Zwiebeln darin anbraten. Champignons hinzufügen und ca. 5 Min. mitbraten. Mit Salz und Pfeffer würzen.

2 Die Bohnen abgießen, waschen und mit Haferflocken und Gewürzen pürieren. Die Walnüsse sehr klein hacken. Walnüsse, Zwiebeln und Champignons zur Bohnenmasse geben. Verkneten und mit Gewürzen abschmecken.

3 Übriges Öl (2 EL) in einer Pfanne erhitzen. Aus der Bohnenmasse vier Pattys formen und auf beiden Seiten ca. 5 Min. anbraten. Tomate und Salat waschen. Tomate in Scheiben schneiden, Salatblätter trocken schütteln und kleiner zupfen. Burgerbrötchen quer halbieren und in einer Pfanne auf der Schnittfläche kurz anrösten.

4 Mayonnaise oder Burgersauce großzügig auf den Burgerbrötchen verteilen. Salatblatt darauflegen, Bohnenpatty, Tomaten und Deckel darüberschichten.

AUS DEM TOPF

Für 4 Personen • 40 Min. Zubereitung • Pro Portion ca. 640 kcal, 22 g E, 18 g F, 100 g KH

PASTA MIT TOMATENSAUCE UND BOHNENBÄLLCHEN

ITALIENISCH

400 g Nudeln (z. B. Penne)
Salz
1 Dose Kidneybohnen (225 g Ab-
* tropfgewicht)*
2 kleine Zwiebeln
2 Knoblauchzehen
1 Bund Basilikum
1 EL Mandeln
2 EL getrockneter Oregano
5 EL vegane Parmesan-Alternative
* (z. B. Cashew-Parmesan;*
* ersatzweise gemahlene*
* Cashewkerne)*
Pfeffer
3 EL Öl
500 g Kirschtomaten
50 g Pflanzencreme

1 Nudeln nach Packungsanweisung in reichlich Salzwasser bissfest garen.

2 Die Kidneybohnen in ein Sieb abgießen, waschen und abtropfen lassen. Zwiebeln und Knoblauch schälen. Zwiebeln fein hacken, Knoblauch durchpressen. Basilikum waschen, trocken schütteln. Die Hälfte fein hacken. Mandeln klein hacken. Die Bohnen mit einer Gabel grob zerdrücken. Mit Basilikum, 1 EL Oregano, 3 EL Parmesan-Alternative, gehackten Mandeln, der Hälfte des Knoblauchs sowie Salz und Pfeffer mischen.

3 1 EL Öl in einer Pfanne erhitzen, die Hälfte der Zwiebeln darin glasig dünsten. Zwiebeln unter den Bohnenmix rühren. Mit den Händen kleine Bällchen formen. 1 EL Öl in einer Pfanne erhitzen, die Bällchen von allen Seiten anbraten.

4 Für die Tomatensauce übriges Öl (1 EL) in einem Topf erhitzen und übrige Zwiebeln und Knoblauch darin anbraten. Kirschtomaten waschen, halbieren und hinzufügen. Ca. 10 Min. mitbraten. Übrigen Oregano (1 EL) hinzufügen und weitere 5 Min. mitbraten. Pflanzencreme hinzufügen. Mit dem Pürierstab zu einer Sauce pürieren. Mit Salz und Pfeffer würzen.

5 Tomatensauce über die Nudeln gießen, Bohnenbällchen und die restlichen Basilikumblätter darauf verteilen und mit übriger Parmesan-Alternative (2 EL) bestreuen.

CREMESPINAT MIT RÖSTKARTOFFELN

HAUSMANNSKOST

FÜR DEN SPINAT

2 Zwiebeln
2 Knoblauchzehen
2 EL Öl
750 g TK-Blattspinat
200 g Kokosmilch
frisch geriebene Muskatnuss
Salz, Pfeffer
2 EL weißes Mandelmus

FÜR DIE RÖSTKARTOFFELN

600 g Kartoffeln
2 Zwiebeln
4 EL vegane Margarine
1 EL Agavensirup
Salz, Pfeffer

CREMESPINAT: Zwiebeln und Knoblauch schälen und fein hacken. Öl in einem Topf erhitzen und Knoblauch und Zwiebeln darin glasig anbraten. TK-Spinat hinzufügen und ca. 100 ml Wasser dazugießen. Bei mittlerer Hitze ca. 20 Min. leicht köcheln lassen. Kokosmilch hinzufügen und mit 1 Prise Muskat, Salz und Pfeffer würzen. Mit dem Pürierstab zu einer cremigen Masse pürieren. Mandelmus unterrühren.

RÖSTKARTOFFELN: Die Kartoffeln waschen. Zwiebeln schälen und fein hacken. Wasser in einem großen Topf zum Kochen bringen und die Kartoffeln in ca. 20 Min. weich kochen. Wasser abgießen, Kartoffeln kurz abkühlen lassen, schälen und in Scheiben schneiden. Margarine in einer Pfanne erhitzen. Zwiebeln mit Agavensirup darin glasig dünsten. Gekochte Kartoffelscheiben dazugeben und ca. 10 Min. rösten, bis die Kartoffelscheiben von allen Seiten knusprig angebraten sind. Mit Salz und Pfeffer würzen.

Für 4 Personen • 10 Min. Zubereitung •
50 Min. Garen •
Pro Portion ca. 255 kcal, 14 g E, 6 g F, 35 g KH

CHILI
SIN CARNE

AUS MEXIKO

2 Zwiebeln • 2 Knoblauchzehen • 1 rote Chili-
schote • 1 EL Öl • 150 g Sojagranulat •
500 g passierte Tomaten • 400 ml Gemüsebrühe •
5 EL Tomatenmark • 2 TL edelsüßes Paprikapul-
ver • Salz, Pfeffer • 250 g Kidneybohnen (Glas) •
250 g Mais (Glas)

1 Zwiebeln und Knoblauch schälen und in kleine
Würfel schneiden. Chilischote waschen, halbieren, weiße Trennwände und Kerne entfernen und
fein würfeln. Öl in einem Topf erhitzen und Zwiebeln darin glasig dünsten. Knoblauch hinzufügen
und kurz mitbraten. Sojagranulat hinzufügen
und 5 Min. unter Rühren braten.

2 Tomaten und Brühe angießen. Tomatenmark
und Chili hinzufügen. Mit Paprikapulver, Salz und
Pfeffer würzen. 40 Min. unter gelegentlichem
Rühren köcheln lassen. Bohnen und Mais unterrühren und noch 10 Min. leicht köcheln.

Für 4 Personen • 40 Min. Zubereitung •
Pro Portion ca. 220 kcal, 4 g E, 6 g F, 35 g KH

SÜSSKARTOFFEL-
INGWER-SUPPE

WÄRMT VON INNEN

1 Süßkartoffel • ½ Butternusskürbis • 5 Möhren •
1 Zwiebel • 1 Stück Ingwer (1 cm lang) • 2 EL Oli-
venöl • 1 TL Zitronengras • ½ TL Chilipulver •
2 TL Currypulver • 1,5 l Gemüsebrühe • 200 g Ko-
kosmilch • Salz, Pfeffer

1 Süßkartoffel und Kürbis schälen und in kleine
Stücke schneiden. Möhren waschen, schälen und
in Scheiben schneiden. Zwiebel schälen und fein
hacken. Ingwer schälen und klein würfeln

2 Öl in einem Topf erhitzen und Zwiebeln darin
anbraten. Ingwer, Möhren, Süßkartoffel- und Kürbisstücke hinzufügen und ca. 10 Min. mitbraten.
Mit Zitronengras, Chili- und Currypulver würzen.

3 Gemüsebrühe und Kokosmilch dazugießen
und ca. 20 Min. köcheln lassen. Mit einem Pürierstab pürieren und mit Salz und Pfeffer abschmecken. Dazu schmeckt Baguette.

Für 4 Personen • 15 Min. Zubereitung •
50 Min. Garen •
Pro Portion ca. 330 kcal, 12 g E, 8 g F, 49 g KH

KARTOFFEL-GULASCH

KLASSIKER

7 Kartoffeln • 2 grüne Paprika • 2 Zwiebeln •
2 EL Öl • 4 EL edelsüßes Paprikapulver •
1 EL Gulaschgewürz • 1 l Gemüsebrühe •
5 EL Tomatenmark • 3 Lorbeerblätter •
Salz, Pfeffer • 250 g weiße Bohnen (Glas) •
150 g Mais (Glas)

1 Kartoffeln waschen, schälen und in Stücke schneiden. Paprika waschen, halbieren, weiße Trennwände und Kerne entfernen und in Würfel schneiden. Zwiebeln schälen und fein hacken.

2 Öl in einem Topf erhitzen und Zwiebeln darin anbraten. Kartoffeln und Paprika hinzufügen und 10 Min. unter Rühren mitbraten. Paprikapulver und Gulaschgewürz unterrühren. Gemüsebrühe dazugießen. Tomatenmark, Lorbeerblätter, Salz und Pfeffer unterrühren und ca. 30 Min. köcheln lassen. Bohnen und Mais hinzufügen und weitere 20 Min. köcheln lassen.

Für 4 Personen • 15 Min. Zubereitung •
30 Min. Garen •
Pro Portion ca. 150 kcal, 7 g E, 7 g F, 15 g KH

ROTES THAI-CURRY

FÜR ASIEN-FANS

2 Zucchini • 2 rote Paprika • 2 Möhren •
1 Brokkoli • 1 Zwiebel • ½ Bio-Zitrone •
2 EL Olivenöl • 600 g Kokosmilch • 1 EL rote
Currypaste • 2 EL mildes Currypulver •
2 EL Tomatenmark • Salz, Pfeffer

1 Zucchini, Paprika, Möhren, Brokkoli waschen, je nach Sorte putzen bzw. schälen und in mundgerechte Stücke schneiden. Zwiebel schälen und in feine Würfel schneiden. Zitrone heiß abwaschen und abtrocknen. Die Schale abreiben und den Saft auspressen.

2 Öl in einer Pfanne erhitzen, Zwiebeln darin glasig dünsten. Gemüse hinzufügen und ca. 10 Min. mitbraten. Kokosmilch, rote Currypaste und -pulver, Tomatenmark, Zitronensaft und -schale hinzufügen und für 20–30 Min. köcheln lassen. Zum Schluss mit Salz und Pfeffer abschmecken. Dazu passt Reis.

Für 4 Personen • 40 Min. Zubereitung • Pro Portion ca. 215 kcal, 5 g E, 8 g F, 29 g KH

TOMATENSUPPE MIT POLENTASTREIFEN

SOMMERLICHER SATTMACHER

FÜR DIE POLENTASTREIFEN

½ Zweig Rosmarin
300 ml Gemüsebrühe
100 g Polenta (Maisgrieß)
2 EL Olivenöl

FÜR DIE TOMATENSUPPE

1 Zwiebel
3 Knoblauchzehen
1 EL Olivenöl
1 kg gehackte Tomaten (Glas)
100 ml Gemüsebrühe
1 EL Tomatenmark
1 TL geräuchertes Paprikapulver
100 g Kokosmilch
Salz, Pfeffer

TIPP
Gehackte Kräuter wie Basilikum oder Oregano verleihen der Suppe mehr Frische.

POLENTASTREIFEN: Rosmarin waschen, trocken schütteln, die Nadeln abstreifen und fein hacken. Gemüsebrühe zum Kochen bringen, Polenta unter Rühren einrieseln lassen. Rosmarin hinzufügen und verrühren. Ca. 3 Min. bei kleiner Hitze ziehen lassen. Polenta ca. 1 cm dick auf ein mit einem Backpapier belegten Backblech verstreichen und 30 Min. kalt stellen. Polenta anschließend in Streifen schneiden. Öl in einer Pfanne erhitzen und die Polentastreifen darin von beiden Seiten goldgelb backen.

TOMATENSUPPE: Zwiebel und den Knoblauch schälen und fein hacken. Öl in einem Topf erhitzen und Zwiebeln darin anbraten. Knoblauch hinzufügen und mitbraten. Tomatenstücke und Gemüsebrühe hinzufügen. Aufkochen lassen. Tomatenmark, Paprikapulver, Kokosmilch sowie Salz und Pfeffer hinzufügen. Ca. 20 Min. leicht köcheln lassen. Anschließend mit dem Pürierstab pürieren.

Tomatensuppe mit den knusprigen Polentastreifen anrichten und servieren.

Für 4 Personen • 30 Min. Zubereitung • Pro Portion ca. 315 kcal, 7 g E, 16 g F, 32 g KH

BÄRLAUCHSUPPE MIT CRISP

GRASGRÜNER FRÜHLINGSBOTE

500 g Kartoffeln
150 g Bärlauch
200 g Kichererbsen (Glas)
1 Zwiebel
2 EL vegane Margarine
1 l Gemüsebrühe
150 g Pflanzencreme
frisch geriebene Muskatnuss
Salz, Pfeffer
1 TL Paprikapulver

1 Backofen auf 185° vorheizen. Kartoffeln waschen, schälen und in kleine Stücke schneiden. Bärlauch waschen, trocken schütteln und klein hacken. Kichererbsen in ein Sieb abgießen und waschen. Zwiebel schälen und in feine Streifen schneiden.

2 Margarine in einem Topf erhitzen und Zwiebeln darin glasig dünsten. Kartoffeln hinzufügen und 5 Min. mitbraten. Gemüsebrühe angießen. So lange köcheln lassen, bis die Kartoffeln weich sind. Mit einem Pürierstab pürieren. Bärlauch und Pflanzencreme untermixen. Mit 1 Prise Muskat, Salz und Pfeffer abschmecken.

3 Kichererbsen mit Küchenpapier trocken reiben, auf einem mit Backpapier ausgelegten Backblech verteilen. Im Ofen (Mitte) 15 Min. backen. Herausnehmen und mit Paprikapulver, Salz und Pfeffer mischen. Zurück aufs Backblech geben und im Ofen (Mitte) weitere 10 Min. knusprig backen. Mit der Suppe servieren.

Für 4 Personen • 15 Min. Zubereitung • 30 Min. Garen • Pro Portion ca. 450 kcal, 15 g E, 9 g F, 74 g KH

LINSEN-KICHERERBSEN-RAGOUT

WINTER-REZEPT

3 Möhren
1 Zwiebel
2 Knoblauchzehen
1 EL Öl
500 g stückige Tomaten
2 EL Tomatenmark
250 g Kichererbsen (Glas)
150 g gekochte Linsen (Glas)
100 g Pflanzencreme
1 ½ EL italienische Kräuter-
  mischung
Salz, Pfeffer
250 g Basmatireis

1 Die Möhren waschen, schälen und in mundgerechte Stücke schneiden. Zwiebel und Knoblauch schälen und fein hacken.

2 Öl in einer Pfanne erhitzen und Zwiebel und Knoblauch darin anbraten. Möhren hinzufügen und mitbraten. Mit stückigen Tomaten ablöschen. Tomatenmark, Kichererbsen, Linsen, Pflanzencreme, italienische Kräuter sowie Salz und Pfeffer hinzufügen und alles ca. 25–30 Min. leicht köcheln lassen.

3 Inzwischen Basmatireis nach Packungsanweisung zubereiten. Das Linsen-Kichererbsen-Ragout mit dem Reis anrichten und servieren.

TIPP

Zusätzliche Gewürze wie geräuchertes Paprikapulver, Harissa, Chilipulver oder Garam Masala veredeln das Gericht und verleihen eine arabische oder indische Note.

AUS DEM OFEN

Für 4 Personen • 20 Min. Zubereitung • 40 Min. Ruhen • 15 Min. Backen •
Pro Portion ca. 710 kcal, 17 g E, 23 g F, 107 g KH

GEMÜSEPIZZA

GRUNDREZEPT

500 g Mehl
1 Pck. Trockenhefe
Salz
4 EL Olivenöl
250 ml passierte Tomaten
2 EL italienische Kräuter
Pfeffer
2 gelbe Paprika
1 Zucchino
200 g vegane Reibekäse-
Alternative

1 Für den Teig Mehl mit Trockenhefe und 2 TL Salz in einer Schüssel vermengen. Öl und 250 ml lauwarmes Wasser hinzufügen und mit den Knethaken des Handrührgeräts zu einem glatten Teig verkneten. Den Teig mit etwas Mehl bestäuben, mit einem Küchentuch abdecken und an einem warmen Ort ca. 40 Min. gehen lassen.

2 Backofen auf 200° vorheizen. Passierte Tomaten mit den italienischen Kräutern, Salz und Pfeffer abschmecken. Paprika und Zucchino waschen. Paprika halbieren, weiße Trennwände und Kerne entfernen und in Streifen schneiden. Vom Zucchino die Enden abschneiden und diesen in feine Scheiben schneiden.

3 Den Pizzateig in vier gleich große Stücke teilen. Die Teigkugeln jeweils zu einem Pizzakreis ausrollen. Mit Tomatensauce bestreichen, das Gemüse darauf verteilen und mit Käse-Alternative bestreuen. Die Pizzas im Ofen (Mitte) ca. 10–15 Min. backen.

Für 2 Personen • 20 Min. Zubereitung • 30 Min. Ruhen • 25 Min. Backen •
Pro Portion ca. 900 kcal, 15 g E, 52 g F, 95 g KH

FLAMMKUCHEN

WÜRZIG UND FRUCHTIG-SÜSS

200 g Mehl
3 EL Rapsöl
Salz
¼ Hokkaido-Kürbis
100 g vegane Feta-Alternative
1 rote Zwiebel
½ Bund Basilikum
100 g vegane Crème-fraîche-
  Alternative
50 g vegane Joghurt-Alter-
  native (z. B. aus Soja)
Pfeffer
5 Feigen

1 Mehl, 100 ml Wasser, 2 EL Rapsöl und 1 TL Salz in eine Schüssel geben und mit dem Knethaken des Handrührgeräts zu einem glatten Teig verarbeiten. In Frischhaltefolie wickeln und ca. 30 Min. ruhen lassen. Backofen auf 180° (Umluft) vorheizen.

2 Den Kürbis waschen, entkernen und in feine Streifen schneiden. Kürbis in übrigem Öl (1 EL) und Salz marinieren. Feta-Alternative klein würfeln. Zwiebel schälen und in feine Scheiben schneiden. Basilikum waschen, trocken schütteln und fein hacken. Crème-fraîche- mit Joghurt-Alternative verrühren, Basilikum hinzufügen und mit Salz und Pfeffer würzen.

3 Teig nach dem Ruhen zu einem dünnen Rechteck ausrollen. Mit der Creme bestreichen. Kürbis und Zwiebelscheiben auf der Creme verteilen. Feta-Alternative darüberstreuen. Ca. 20–25 Min. backen. Feigen waschen und vierteln. Auf dem Flammkuchen verteilen.

Für 1 Auflaufform (ca. 25 x 15 cm) • 25 Min. Zubereitung • 15 Min. Backen •
Pro Portion ca. 310 kcal, 15 g E, 19 g F, 18 g KH

HACKBÄLLCHEN MIT SUGO

KINDERLIEBLING

100 g Sojagranulat
2 Zwiebeln
2 Knoblauchzehen
3 EL Olivenöl + Öl für die
    Form
3 Stängel Oregano
75 g vegane Mozzarella-
    Alternative
4 EL vegane Parmesan-
    Alternative (z. B. Cashew-
    Parmesan)
5 EL Tomatenmark
4 EL Semmelbrösel
Salz, Pfeffer
300 g stückige Tomaten (Dose)
2 EL Kokosmilch

1 Sojagranulat in eine Schüssel geben, mit ca. 500 ml kochendem Wasser übergießen und 10 Minuten zugedeckt quellen lassen. Backofen auf 200° vorheizen. Zwiebeln und Knoblauch schälen, fein hacken. 1 EL Öl in einer Pfanne erhitzen, Zwiebeln und Knoblauch darin anbraten. Oregano waschen, trocken schütteln, Blättchen abzupfen. Mozzarella in Scheiben schneiden. Sojagranulat in ein Sieb abgießen, sehr gut ausdrücken. Mit Zwiebeln, Knoblauch, der Hälfte des Oreganos, 2 EL Parmesan-Alternative, Tomatenmark, Semmelbröseln, Salz und Pfeffer mischen und ca. 14 Bällchen daraus formen. Übriges Öl erhitzen und die Bällchen darin anbraten.

2 Die Tomaten mit Kokosmilch, übriger Parmesan-Alternative (2 EL), Salz und Pfeffer mischen. Auflaufform fetten. Sojabällchen darin verteilen, mit Tomatensauce übergießen und mit Mozzarellascheiben belegen. Im Ofen (Mitte) ca. 15 Min. backen. Übrigen Oregano aufstreuen und servieren.

Für 4 Personen • 30 Zubereitung • 30 Min. Backen • Pro Portion ca. 360 kcal, 15 g E, 16 g F, 37 g KH

PIKANTE KOHLROULADEN

WINTERLICHER KLASSIKER

200 g Quinoa
8 große Wirsingblätter
2 Möhren
1 Zwiebel
1 Stück Ingwer (1 cm lang)
3 Knoblauchzehen
1 rote Paprika
150 g geräucherter Tofu
4 EL Öl
3 EL Tomatenmark
2 EL Sojasauce
Salz, Pfeffer

1 Quinoa heiß abspülen und nach Packungsanweisung kochen. Wirsingblätter waschen. Möhren waschen, schälen und in Scheiben schneiden. Zwiebel, Ingwer und Knoblauch schälen und hacken. Paprika waschen, halbieren, weiße Trennwände und Kerne entfernen und würfeln. Tofu zerbröckeln, beiseitestellen. Wasser zum Kochen bringen und die Wirsingblätter darin 3 Min. blanchieren, kalt abschrecken.

2 Backofen auf 200° vorheizen. 2 EL Öl in einer Pfanne erhitzen. Zwiebel darin glasig dünsten. Knoblauch, Paprika, Möhren und Ingwer hinzufügen und 10 Min. unter Rühren braten. In einer Schüssel Quinoa mit Tomatenmark, Gemüse, Tofu, Sojasauce, Salz und Pfeffer mischen.

3 Wirsingblätter jeweils mit ca. 4 EL Füllung füllen und aufrollen. Einen ofenfesten Topf mit Deckel fetten. Rouladen einschichten mit übrigem Öl (2 EL) bestreichen. Deckel auflegen. Im Ofen (Mitte) 20 Min. backen. Deckel abnehmen und in weiteren 10 Min. fertig garen.

Für 4 Personen • 20 Min. Zubereitung • 1 Std. Ruhen • 40 Min. Backen •
Pro Portion ca. 510 kcal, 13 g E, 19 g F, 73 g KH

PESTOSCHNECKE

LIEBLINGSBEILAGE

FÜR DAS PESTO ROSSO

2 rote Paprika
3 EL Olivenöl
1 EL Mandelkerne
1 EL vegane Parmesan-Alternative
Salz, Pfeffer

FÜR DEN HEFETEIG

380 g Mehl + Mehl zum Arbeiten
1 Pck. Trockenhefe
Salz
3 EL Rapsöl
1 TL Agavensirup

PESTO ROSSO: Backofen auf 200° vorheizen. Paprika waschen, halbieren, weiße Trennwände und Kerne entfernen, die Hälften mit 1 EL Öl bepinseln und im Ofen (Mitte) ca. 20 Min. backen. Anschließend mit den Mandeln, Parmesan-Alternative, übrigem Öl (2 EL) sowie Salz und Pfeffer pürieren.

HEFETEIG: Mehl, Trockenhefe und 1 TL Salz in einer Rührschüssel vermengen. Öl, Agavensirup und 200–250 ml lauwarmes Wasser hinzugeben und mit den Knethaken zu einem glatten Teig verarbeiten. Teig mit Mehl bestäuben, mit einem Küchentuch abdecken und an einem warmen Ort ca. 30 Min. ruhen lassen, bis sich das Volumen verdoppelt hat.

FERTIGSTELLEN: Den Teig kurz durchkneten und auf der leicht bemehlten Arbeitsfläche zu einem ca. 60 × 25 cm großen Rechteck ausrollen. Das Pesto darauf verteilen, dabei oben einen 3 cm breiten Rand frei lassen. Den Teig von der Längsseite her aufrollen und zu einer Schnecke einrollen.

Ein Backblech mit Backpapier belegen, die Pestoschnecke darauflegen und abdecken. Weitere 30 Min. an einem warmen Ort gehen lassen. Die Pestoschnecke mit Wasser bestreichen. Im Backofen (Mitte) ca. 40 Min. backen.

Für 4 Personen • 15 Min. Zubereitung • 30 Min. Backen • Pro Portion ca. 485 kcal, 9 g E, 34 g F, 36 g KH

SMASHED POTATOES

KNUSPRIG

10 mittelgroße Kartoffeln
70 g Pistazienkerne
40 g Cashewkerne
3 Stängel Basilikum
½ Zitrone
1 TL Ahornsirup
80 ml Olivenöl
Salz, Pfeffer
½ Bund Rosmarin

1 Backofen auf 200° vorheizen. Kartoffeln waschen. Wasser in einem Topf zum Kochen bringen und die Kartoffeln darin ca. 20 Min. kochen. Inzwischen für das Pesto Pistazienkerne und Cashewkerne fein hacken. Basilikum waschen, trocken schütteln und hacken. Zitrone auspressen. Pistazien, Cashewkerne, Basilikum, Zitronensaft, Ahornsirup, 60 ml Olivenöl und 30 ml Wasser zu einem feinen Pesto pürieren. Mit Salz und Pfeffer würzen.

2 Ein Backblech mit Backpapier auslegen. Die Kartoffeln darauf verteilen. Die Kartoffeln entweder mit einer Gabel oder einem Stampfer flach drücken. Sie sollten ca. 1–1 ½ cm dick sein. Rosamarin waschen, trocken schütteln, die Nadeln abstreifen und klein hacken. Übriges Öl (20 ml) mit Salz, Pfeffer und Rosmarin verrühren. Die Kartoffeln damit bepinseln. Die Kartoffeln im Ofen (Mitte) in ca. 30 Min. knusprig backen. Pesto über die Smashed Potatoes träufeln.

Für 4 Personen • 25 Min. Zubereitung • 40 Min. Backen • Pro Portion ca. 475 kcal, 8 g E, 29 g F, 46 g KH

OFENGEMÜSE MIT FETA

AROMATISCH

800 g Babykartoffeln
1 Aubergine
2 Zucchini
2 Möhren
2 Zwiebeln
250 g Kirschtomaten
250 g vegane Feta-Alternative
3 Zweige Thymian
3 Zweige Rosmarin
4 EL Olivenöl
Salz, Pfeffer

1 Backofen auf 200° vorheizen. Kartoffeln waschen und halbieren. Aubergine, Zucchini und Möhren waschen, je nach Sorte putzen und in mundgerechte Stücke schneiden. Die Zwiebeln schälen und in große Streifen schneiden. Kirschtomaten waschen. Feta-Alternative in grobe Würfel schneiden. Thymian und Rosmarin waschen und trocken schütteln.

2 Kartoffeln, Aubergine, Zucchini, Möhren und Zwiebeln in eine große Schüssel geben. Olivenöl, Thymian und Rosmarinzweige hinzufügen, mit Salz und Pfeffer würzen und alles gut vermengen. Ein Backblech mit Backpapier auslegen. Das Gemüse darauf verteilen. Im Ofen (Mitte) 30–40 Min. knusprig backen. 10 Min. vor Ende der Backzeit Tomaten und Fetastücke unter das Gemüse heben.

TOMATEN-QUICHE

FÜRS PARTY-BÜFETT

200 g Mehl
100 g kalte vegane Margarine +
*   vegane Margarine für die Form*
Salz
400 g Kirschtomaten
½ Bund Schnittlauch
½ Bund Basilikum
350 g Seidentofu
2 EL Kichererbsenmehl
1 EL italienische Kräuter
2 EL vegane Parmesan-Alternative
Pfeffer
1 TL Knoblauchgranulat

1 Für den Teig das Mehl, die kalte Margarine und ½ TL Salz mit 3 EL kaltem Wasser glatt verkneten. Den Teig auf einer bemehlten Arbeitsfläche zu einem Kreis ausrollen (ca. 33 cm ⌀). Eine Tarteform fetten. Teig in die Tarteform geben. Mit der Gabel mehrmals einstechen. Für ca. 30 Min. kalt stellen.

2 Backofen auf 200° vorheizen. Die Tomaten waschen und halbieren. Schnittlauch und Basilikum waschen, trocken schütteln und grob zerkleinern. Seidentofu mit Kichererbsenmehl, Schnittlauch, Basilikum, italienischen Kräutern und Parmesan-Alternative zu einer cremigen Masse pürieren. Mit Salz, Pfeffer und Knoblauchgranulat würzen.

3 Die Tarteform mit der Tofucreme füllen. Die Tomatenhälften mit der Schnittfläche nach oben gleichmäßig darauf verteilen. Die Tarte im Ofen (Mitte) ca. 30–35 Min. backen.

GU CLOU

Wer möchte, kann die Tarte zusätzlich mit veganer Mozzarella-Alternative verfeinern. Einfach 10 Min. vor Ende der Backzeit auf die Tarte streuen.

LASAGNE

GELIEBTER KLASSIKER

FÜR DIE BOLOGNESE

2 Zwiebeln
1 Knoblauchzehe
2 EL Olivenöl
150 g Sojagranulat
500 ml passierte Tomaten
4 EL Tomatenmark
Salz, Pfeffer

FÜR DIE BÉCHAMEL

50 g vegane Margarine
50 g Mehl
700 ml Sojadrink
frisch geriebene Muskatnuss

AUSSERDEM

6-8 Lasagneblätter
100 g vegane Reibekäse-
*   Alternative*
Öl für die Form

BOLOGNESE: Den Backofen auf 200° vorheizen. Zwiebeln und Knoblauch schälen und in feine Würfel schneiden. Das Öl in einem Topf erhitzen, Zwiebeln und Knoblauch darin anbraten. Sojagranulat hinzufügen und 3 Min. mitbraten. Passierte Tomaten, 100 ml Wasser, Tomatenmark, Salz und Pfeffer hinzufügen und ca. 30 Min. unter Rühren köcheln lassen.

BÉCHAMEL: Die Margarine in einem Topf erhitzen. Mehl hinzufügen und mit einem Schneebesen verrühren. Sojadrink und 1 Prise Muskat hinzufügen und mit dem Schneebesen klümpchenfrei verrühren. Unter ständigem Rühren aufkochen lassen. Vom Herd nehmen.

FERTIGSTELLEN: Eine Lasagneform mit Öl fetten. Ein Viertel Béchamelsauce auf dem Boden verteilen. Ein Drittel der Lasagneblätter darüberschichten. Die Hälfte der veganen Bolognese darauf verteilen. Mit einem Viertel Béchamelsauce übergießen, weitere Lasagneblätter darüberschichten. Die übrige Bolognese darauf verteilen, ein weiteres Viertel Béchamelsauce darübergießen. Lasagneblätter darauf verteilen, übrige Béchamelsauce verteilen und großzügig mit Käse-Alternative bestreuen. Im Ofen (Mitte) ca. 30–40 Min überbacken.

REGISTER

Abkürzungsverzeichnis:

E = Eiweiß
EL = Esslöffel (gestrichen)
F = Fett
kcal = Kilokalorien
KH = Kohlenhydrate
Msp. = Messerspitze
Pck. = Päckchen
TK = Tiefkühl
TL = Teelöffel (gestrichen)
Ø = Durchmesser

LIEBE LESERINNEN UND LESER,

wir wollen Ihnen mit diesem Buch Informationen und Anregungen geben, um Ihnen das Leben zu erleichtern oder Sie zu inspirieren, Neues auszuprobieren. Wir achten bei der Erstellung unserer Bücher auf Aktualität und stellen höchste Ansprüche an Inhalt und Gestaltung. Alle Anleitungen und Rezepte werden von unseren Autoren, jeweils Experten auf ihren Gebieten, gewissenhaft erstellt und von unseren Redakteur*innen mit größter Sorgfalt ausgewählt und geprüft.

Haben wir Ihre Erwartungen erfüllt? Sind Sie mit diesem Buch und seinen Inhalten zufrieden? Wir freuen uns auf Ihre Rückmeldung. Und wir freuen uns, wenn Sie diesen Titel weiterempfehlen, in Ihrem Freundeskreis oder bei Ihrem Online-Kauf.

Sollten wir Ihre Erwartungen so gar nicht erfüllt haben, tauschen wir Ihnen Ihr Buch jederzeit gegen ein gleichwertiges zum gleichen oder ähnlichen Thema um.

KONTAKT ZUM LESERSERVICE

GRÄFE UND UNZER VERLAG
Grillparzerstraße 12
81675 München
www.gu.de

IMPRESSUM

© 2023 GRÄFE UND UNZER VERLAG GmbH, Postfach 860366, 81630 München

GU ist eine eingetragene Marke der GRÄFE UND UNZER VERLAG GmbH, www.gu.de

ISBN 978-3-8338-8658-4
2. Auflage 2023

Projektleitung: Monika Greiner
Lektorat: Margarethe Brunner
Korrektorat: Waltraud Schmidt
Gesamtgestaltung: Independent Mediendesign, München
Umschlaggestaltung: ki36 Editorial Design, Sabine Krohberger, München
Herstellung: Renate Hutt
Satz: Eberl & Koesel Studio GmbH
Reproduktion: medienprinzen GmbH
Druck + Bindung: Firmengruppe APPL, aprinta druck, Wemding
Printed in Germany

DIE AUTORIN

Corinna Schober ist Bloggerin und Foodjournalistin. Aus Liebe zu den Tieren ernährt sie sich seit ihrer Kindheit fleischlos und seit einigen Jahren vegan. In diesem Buch teilt sie ihre besten herzhaft veganen Rezepte.

DIE FOTOGRAFIN

Coco Lang fotografiert Food und Stils in ihrem Werkstattstudio direkt am Münchner Viktualienmarkt. Zusammen mit Julia Skowronek (Foodstyling) hat sie die deftigen Sattmacher gekonnt in Szene gesetzt.

Bildnachweis:

Coco Lang: S. 01–59 und Stepfotos und Stillleben auf den Klappen
stockfood/Are Media: Cover
Corinna Schober: S. 04 Autorenfoto

Umwelthinweis:

Nachhaltigkeit ist uns sehr wichtig. Der Rohstoff Papier ist in der Buchproduktion hierfür von entscheidender Bedeutung. Daher ist dieses Buch auf PEFC-zertifiziertem Papier gedruckt. PEFC garantiert, dass ökologische, soziale und ökonomische Aspekte in der Verarbeitungskette unabhängig überwacht werden und lückenlos nachvollziehbar sind.

Syndication: www.seasons.agency

Die GU-Homepage finden Sie unter www.gu.de

APPETIT AUF MEHR?

ISBN 978-3-8338-8402-3

ISBN 978-3-8338-7982-1

ISBN 978-3-8338-2201-8

ISBN 978-3-8338-8263-0

ISBN 978-3-8338-8585-3

ISBN 978-3-8338-7302-7

Alle hier vorgestellten Bücher
sind auch als eBook erhältlich.

DIE »GU KOCHEN PLUS«-APP

1 APP HERUNTERLADEN

Laden Sie die kostenlose »GU Kochen Plus«-App im Apple App Store oder im Google Play Store auf Ihr Smartphone. Starten Sie die App und wählen Sie Ihren Küchenratgeber aus.

2 REZEPTBILD SCANNEN

Scannen Sie das gewünschte Rezeptbild mit der Kamera Ihres Smartphones. Klicken Sie im Display die Funktion Ihrer Wahl.

3 FUNKTIONEN NUTZEN

Sammeln Sie Ihre Lieblingsrezepte. Speichern und verschicken Sie Ihre Einkaufslisten. Oder nutzen Sie den praktischen Supermarkt-Finder und den Rezept-Planer.